S0-BGM-642

¡OSOS SALVAJES!

EL OSO NEGRO

**Texto y fotografías de
Tom y Pat Leeson**

**BLACKBIRCH®
PRESS**

THOMSON

™

GALE

San Diego • Detroit • New York • San Francisco • Cleveland • New Haven, Conn. • Waterville, Maine • London • Munich

LIBRARY OF CONGRESS CATALOGING-IN-PUBLICATION DATA

Leeson, Tom.
  [Black bear. Spanish]
  El oso negro / by Tom Leeson y Pat Leeson.
    p. cm. — (¡Osos salvajes!)
Summary: Describes the physical appearance, habits, hunting and mating behaviors, family life, and life cycle of the black bear.
Includes bibliographical references and index.
  ISBN 1-56711-959-X (hardback : alk. paper)
  1. Black bear—Juvenile literature. [1. Black bear. 2. Bears. 3. Spanish language materials.]
I. Leeson, Pat. II. Title. III. Series: Wild bears!
QL737.C27 L4218 2003
599.78—dc21
    2002015923

Printed in United States
10 9 8 7 6 5 4 3 2 1

Contenido

Introducción

Los osos negros han vagado por los bosques de Norte América mucho antes de la llegada de los americanos nativos, los primeros colonizadores que se conocen. Y a diferencia de muchas especies de animales comunes en ese entonces, las poblaciones de osos negros se mantienen sanas hoy en día. Los científicos estiman que la población silvestre es de 400,000 a 750,000.

El oso negro es la especie de oso más común de las 3 especies que viven en Norte América. Se encuentran en zonas boscosas por todo los Estados Unidos y Canadá. Sobreviven en diferentes hábitats y climas, desde el húmedo y caliente México hasta el helado Alaska. También habitan muchos bosques diferentes, desde los bosques de maderas duras de Maine hasta las hondonadas y llanuras inundables de la Florida y Louisiana.

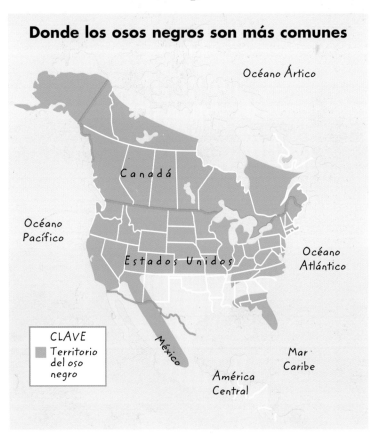

Donde los osos negros son más comunes

Océano Ártico

Canadá

Océano Pacífico

Estados Unidos

Océano Atlántico

México

América Central

Mar Caribe

CLAVE
Territorio del oso negro

Los otros 2 tipos de osos que viven en Norte América son los osos polares y los osos pardos. Los osos polares vagan por los hielos del mar Ártico, y a los osos pardos les gustan los llanos y la tundra sin árboles (la tierra plana y rasa).

Los osos negros viven en una variedad de climas y hábitats.

El cuerpo del oso negro

No todos los osos negros son negros. La mayoría que se encuentran en el suroeste de los Estados Unidos son del color del chocolate, la canela o la miel. Algunos osos negros que viven más al norte—por la costa de Columbia Británica—¡son hasta de un color blanco cremoso! Los osos negros que se encuentran en las Montañas Ahumadas, las Montañas Apalaches y la región de los Grandes Lagos tienen por lo general el pelaje negro.

El oso negro tiene una cabeza grande en forma de cuña. Sobre la cabeza están 2 orejas redondas que pueden girar un poco para ayudar al animal a localizar sonidos. Los osos negros pueden oír mejor que los humanos. Ven en color y tienen buena vista de cerca.

Arriba: Algunos de los osos negros que viven en la costa de Columbia Británica son blancos.
Abajo: Los osos negros pueden girar las orejas para localizar sonidos.
Opuesto: Cuando se prepara para hibernar, un oso negro puede redoblar de peso.

Un oso negro adulto mide 5 a 6 pies (1.5 a 1.8 metros) de largo. Cuando se para en cuatro patas, este oso mide 2 a 3 pies (61 a 91 centímetros) de los hombros delanteros al piso. La mayoría de los osos negros adultos pesan entre 130 y 500 libras (59 a 227 kilos). El peso de un oso negro oscila dramáticamente en un año. Puede pesar 150 libras (68 kilos) en la primavera y para el otoño, justo antes de hibernar (dormir durante el invierno), su peso redobla. Por lo general, los machos son más grandes que las hembras, y los osos del este son más grandes que sus primos del oeste.

Todos los osos tienen pies anchos y planos con 5 dedos. Los osos negros rara vez si nunca caminan sobre sus patas traseras como los osos del circo. Cuando están alterados o asustados, se paran sobre las patas traseras para ver por encima de los arbustos. También se paran sobre las patas traseras para alcanzar moras o frutas que cuelgan de los árboles.

Aun con su gran tamaño y patas relativamente cortas, los osos negros corren rápido. En distancias cortas, pueden alcanzar hasta 25 millas (40 kilómetros) por hora.

Izquierda: Los osos negros se paran sobre sus patas traseras para alcanzar frutas o para ver por encima de los arbustos.
Opuesto: Cuando están amenazados, los osos negros suelen treparse a los árboles.

Rasgos especiales

Las garras cortas y afiladas del oso negro son importantes para su supervivencia. Los osos adultos tienen pocos enemigos naturales. Uno de sus enemigos más peligrosos es el oso pardo. El oso negro escala árboles cuando se siente amenazado. Las garras afiladas se entierran en la corteza de un árbol, el cual permite al animal a escalar con rapidez. Como los osos pardos tienen garras más largas, no pueden subirse a los troncos de los árboles para perseguir a los osos negros. Mientras los osos negros permanecen cerca de las zonas boscosas, están generalmente a salvo.

El oso negro tiene un sentido del olfato excelente, el cual lo protege y lo ayuda a encontrar alimento. ¡Un oso puede oler 12 a 15 veces mejor que un humano! Esto se debe a su hocico largo que está lleno de nervios olfatorios que cubren una superficie 100 veces más grande que en la nariz humana. En un día húmedo y ventoso, un oso negro puede oler moras maduras o carne podrida a varias millas de distancia.

Izquierda: Las garras afiladas de un oso negro pueden enterrarse en la corteza de un árbol.
Arriba: Para encontrar comida, los osos dependen de su agudo sentido del olfato.

Hibernación

Una de las características extraordinarias del oso negro es su habilidad de hibernar (permanecer en un estado durmiente). La mayoría de los osos negros hibernan porque la comida es escasa en el invierno. En el otoño, el oso busca una guarida. A veces su guarida es la madriguera de un coyote que el oso cave para agrandarla. Otras veces es la cavidad que ha dejado un árbol al caer. ¡Algunos osos hasta duermen debajo de los porches de cabañas de veraneo!

Un oso negro puede dormir durante meses a la vez. Una vez que hiberna, la temperatura corporal baja unos 10 grados. Para sobrevivir sin comer, el oso utiliza la grasa que ha acumulado. Algunos osos que viven en el Sur sólo hibernan por 1 ó 2 meses. Los osos que viven en lugares más fríos pueden hibernar por hasta 7 meses, generalmente desde octubre hasta abril. Mientras hiberna, el oso puede perder 25% o más de su peso corporal.

Un oso negro busca una guarida en el otoño cuando está listo para hibernar.

La vida social

El oso negro macho pasa la mayor parte de su vida solo. La hembra pasa la mayor parte de su vida al cuidado de los cachorros. Su único descanso es por lo general

después de que sus crías más grandes se separan de ella y ella se prepara para volver a parir.

La hembra casi siempre tiene cachorros pequeños que dependen de ella para la alimentación. Por eso, ella tiene un territorio fijo que se le conoce como ámbito hogareño. Estos territorios varían en tamaño de 3 a 10 millas cuadradas (7 a 26 kilómetros cuadrados). Mientras que los machos pueden recorrer unas 40 millas cuadradas (124 kilómetros cuadrados) o más para encontrar alimento, la habilidad de una madre oso de recorrer está limitada por la edad y fortaleza de sus crías.

El oso negro macho vive solo, excepto en la época de apareamiento.

Si la comida es escasa, los osos negros luchan por sus ámbitos hogareños.

Todos los osos negros adultos tienen un ámbito hogareño. El tamaño del territorio y qué tanto lo defienden dependen de la cantidad de alimento que el área produce. Si es un área rico en alimentos, el oso tiene un territorio más pequeño y no tiene que defenderlo tan agresivamente. Si la comida es escasa, el oso lucha vigorosamente para defender su ámbito hogareño. Los osos negros adultos no se asocian, excepto por períodos breves durante la época de apareamiento. Cuando hay mucha comida en un área, pueden hacer una excepción. A veces, se pueden ver grupos pescando en un arroyo lleno de salmón.

Cuando los peces son abundantes, los osos negros se juntan a veces en grupos para comer.

Como hay más que suficiente peces para todos los osos, por lo general los animales no se pelean. Sin embargo, a veces los osos más jóvenes tienen que ceder un buen sitio para la pesca a un oso de mayor tamaño y edad.

Caza y alimentación

Al igual que los humanos, los osos negros son omnívoros. Esto significa que comen tanto plantas como animales. En la primavera, cuando dejan de hibernar, la mayoría de los osos negros se alimentan con pastos y vegetación fresca. Algunos científicos creen que esta dieta vegetariana ayuda a limpiar el sistema digestivo del oso. Esto prepara al oso a la alimentación pesada que necesita para resistir la próxima hibernación.

Los osos negros tienen poca habilidad para cazar. A veces se alimentan de otros animales hacia finales de primavera y principios de verano, cuando los bosques están llenos de crías de venado y alce.

Al comienzo de la primavera, la dieta principal del oso negro se basa de plantas y pastos.

Osos en otros hábitats pescan. Para los osos negros en la costa del Oeste, las ventosas o los salmones en freza son fáciles de atrapar en riachuelos.

En el verano, los osos negros comen una gran variedad de insectos. Agarran hormigas, orugas y saltamontes de las plantas y destrozan troncos viejos en busca de gusanos (larva de insectos) que viven en la madera blanda.

A los osos negros en la costa del Oeste les gusta comer salmón.

Los osos negros parecen siempre tener hambre —entonces siempre están en busca de un festín. Hacia finales de verano y principios de otoño, los osos entran en un estado de "sobrecomer" conocido como hiperfagia. Cuando no echan una siestecita, los osos están comiendo todo el tiempo. Durante hiperfagia, ¡un oso puede consumir más de 20,000 calorías diarias!

En agosto y septiembre, un oso negro puede aumentar de 75 a 150 libras (34 a 68 kilos) en preparación para la hibernación. Para aumentar de peso rápidamente, la mayoría de los osos negros se tragan nueces y moras. Los osos que encuentran bellotas altas en grasa, hayucos o piñones son los que aumentan más peso. Los osos que sólo comen moras bajas en grasa, como serbales, bayas y otras frutas, necesitan comer más para acumular la suficiente grasa para la hibernación.

Arriba: El oso negro aumenta de peso rápidamente comiendo muchas nueces y semillas.
Abajo: En el verano, los osos negros comen sin cesar en preparación para la hibernación.

Apareamiento

Los osos negros se aparean en junio. Los machos que viven en áreas donde la comida es abundante pueden estar listos para aparearse entre las edades de 2 y 3 años. Las hembras que viven en lugares donde el alimento es escaso puede que no estén listas a tener crías hasta los 6 ó 7 años.

La época de apareamiento para la hembra comienza cuando ella rechaza a sus crías ya crecidas para que vivan por su propia cuenta. Entonces, la hembra está lista para encontrar compañero. Su cuerpo produce un aroma que le dice al macho que está lista.

El macho encuentra una hembra por medio de su sentido agudo del olfato. Una vez que haya encontrado compañera, la pareja permanece junta por 3 ó 4 días.

A veces varios machos están atraídos a la misma hembra. Por lo general, el macho más agresivo o grande ahuyenta a los demás machos. Lo logra produciendo sonidos jadeantes o desarraigando un tronco o árbol. Si esto no ahuyenta a los demás machos, entonces los osos luchan. El vencedor se aparea con la hembra.

Después del apareamiento, el macho y la hembra se separan. El macho no ayuda a la hembra en el cuidado de los cachorros. De hecho, puede engendrar cachorros con varias hembras durante la época de apareamiento.

Opuesto: Los osos negros permanecen juntos por 3 ó 4 días después de aparear.

Derecha: Si la hembra atrae a varios pretendientes, el macho más agresivo ahuyenta a los demás.

Cachorros

Las crías de los osos negros nacen en enero y principios de febrero mientras su madre hiberna en la guarida. Al nacer, los oseznos no tienen pelo, pesan entre 6 y 12 onzas (170 a 340 gr) y miden alrededor de 9 pulgadas (23 cm). Nacen generalmente 2 ó 3 cachorros por hembra, pero se ha visto hembras con 5 ó 6 cachorros. Por lo general, el tamaño de la cría aumenta a medida que la hembra envejece. Los cachorros son ciegos hasta que cumplen 6 semanas, pero utilizan sus garras afiladas para agarrarse del pellejo caliente y peludo de su madre. Los pequeños cachorros permanecen allí durante los próximos 3 ó 4

meses, bebiendo la leche alimenticia de su madre y conservando calor.

Izquierda: Los cachorros se trepan para huir del peligro.
Derecho: Los cachorros salen de la guarida en la primavera.

Cuando los cachorros salen de la guarida a mediados o finales de la primavera, pesan alrededor de 8 libras (3.6 kilos). Durante los próximos meses, estos animales pequeños están en peligro de convertirse en manjar para los lobos, coyotes y otros osos. Los cachorros aprenden pronto a treparse a los árboles cuando están en peligro. La madre oso atacará y chasqueará sus dientes para defender a su cría. Los cachorros vagan con su madre todo el verano y el otoño. Aprenden a pescar y a encontrar moras maduras y nueces caídas. En el otoño, los cachorros hibernan con su madre. Cuando llega la primavera, los cachorros vagan una vez más con su madre en busca de alimento. Después de uno o dos meses, son lo suficiente grandes para vivir solos. Su madre empieza a morderlos, gruñirles y ahuyentarlos para alistarse a otra época de apareamiento y una nueva familia.

Arriba: La madre oso negro les enseña a sus crías muchas destrezas importantes.
Abajo: Un cachorro espera en un lugar seguro mientras su madre busca alimento.

El oso negro y el hombre

Los humanos han sido siempre el depredador principal de los osos negros. Durante la colonización de Norte América, muchos osos fueron cazados. La grasa de oso se usaba comúnmente como aceite de cocina.

Hoy, mucha gente les teme a los osos. Los osos negros, sin embargo, rara vez atacan a los humanos. En los últimos 100 años, los osos negros han matado a sólo 30 personas. Aunque los osos son grandes y fuertes, evitan a las personas.

El problema más grande entre los osos y los humanos es la comida— para los osos el sabor es irresistible. Cuando las personas traen comida a los bosques y los parques, los osos pueden olerla. Para el oso, aun las envolturas vacías tienen un fuerte aroma. Cuando los osos saborean la comida human, pueden ser peligrosos. A veces se trasladan los animales a un nuevo sitio para que no lastimen a las personas al tratar de conseguir comida de humano.

Los osos negros se han adaptado al gran número de personas que habitan Norte América. No están en peligro de extinción. Mientras los humanos continúen respetando su hábitat y su forma especial de vida, deberán sobrevivir.

Opuesto: A los osos negros les encanta la comida humana y revolverán basura para conseguirla.
Recuadro: Un árbol estropeado por osos.

Datos de los osos

Nombre: Oso negro
Nombre científico: Ursus americanus
Estatura al hombro: 2–3 pies (35–92 cm)
Dimensión del cuerpo: 5–6 pies (150–180 cm)
Dimensión de la cola: 4–5 pulgadas (12 cm)
Peso: Hembras — 90–300 libras (41–136 k); machos — 200–600 libras (91–272 k); cachorro al nacer — 8 onzas (227 gr)
Color: Negro, chocolate, canela, miel, blanco cremoso
Madurez sexual: A los 4 ó 5 años
Hembras aparean: Generalmente cada 2 años
Gestación: Alrededor de 220 días, pero debido a un implante retardado, el embrión se desarrolla sólo en las últimas 10 semanas
Número de crías: 1 a 5 (generalmente 2 ó 3)
Comidas favoritas: Miel, peces, moras, nueces, carroña (animales muertos)
Hábitat: Zonas boscosas por todo los Estados Unidos continental, México y Canadá
Longevidad: 20 a 30 años

Glosario

clima El tiempo meteorológico usual de una región.

depredador Un animal que caza otros animales para su alimentación.

hábitat El sitio y las condiciones naturales en las cuales un animal o una planta vive.

hibernación Pasar el invierno en un estado de profundo sueño para sobrevivir las temperaturas bajas y la escasez de comida.

olfactorio Referente al sentido del olfato.

territorio Un área de tierra en la cual se encuentra cierto animal o especie.

Para más información

Libros

Bailey, Donna. *Bears* (Animal World). Chatham, NJ: Steck-Vaughn Library, 1998.

Clark, Margaret Goff. *The Threatened Florida Black Bear*. New York, NY: Cobblehill, 1995.

Hunt, Joni Phelps. Bears: *A Global Look at Bears in the Wild*. Morristown, NJ: Silver Burdett Press, 1995.

Sitios en la Red

The Bear Den

Averigua datos interesantes sobre muchas especies de osos, incluyendo su hábitat, los comportamientos de caza y alimentación, los cachorros y la sobrevivencia en la naturaleza —

www.naturenet.com/bears/

Índice